AF243133

INSTITUTION D'OULLINS.

MONOPOLE

ET

COMMUNISME,

DISCOURS PRONONCÉ A LA DISTRIBUTION DES PRIX,
LE 17 AOUT 1848,

Par M. l'abbé Dauphin,

Chanoine hon. de Lyon, Gap et Verdun, membre correspondant de l'Académie de Lyon,
DIRECTEUR SUPÉRIEUR DE L'ÉTABLISSEMENT.

✳

LYON.

IMPRIMERIE TYPOGRAPHIQUE ET LITHOGRAPHIQUE
DE LOUIS PERRIN,
Rue d'Amboise, 6, quartier des Célestins.

—

1848.

MONOPOLE ET COMMUNISME.

Messieurs,

Dans la vie studieuse et retirée que nous nous sommes choisie, nous ne pouvons et ne devons prendre
qu'une part lointaine aux luttes irritantes de la politique ;
et à Dieu ne plaise que nous le regrettions ! Au milieu
des violences et des tumultes qui agitent la société,
nous nous estimons heureux au contraire que notre
part soit celle du dévouement modeste et des paisibles
travaux de l'esprit.

La vue de nos chers enfants, leurs études, leurs progrès, leurs joies naïves, leur union fraternelle et ce con-
tinuel échange de soins et de gratitude, d'enseigne-
ments et d'affections qui se partagent nos heures, tout
cet ensemble enfin si doux et si tranquille que n'ont pas
même pu troubler les vives émotions du dehors, voilà
notre politique à nous ; je dirais, si je ne craignais

d'abuser d'un mot connu, voilà pour nous la meilleure des républiques.

Et toutefois, Messieurs, il ne nous serait ni permis, ni possible de rester indifférents aux destinées sociales de la patrie et du monde. Tous les hommes sont frères, tous sont plus ou moins solidaires par conséquent. Des plus hautes régions politiques aux plus infimes aggrégations, de la capitale au village, du palais national des législateurs à la modeste maison d'éducation, tout se tient et tout s'enchaîne; les biens et les maux sont communs.

Quand l'orage éclate sur les campagnes, peu importe qu'il se soit formé dans les hauteurs les plus reculées du firmament; il n'en trouble pas moins la sécurité générale, il frappe les châteaux et les chaumières, il brise les grands chênes et couche les humbles gazons.

C'est pourquoi au milieu de cette transformation qui se fait dans les choses les plus fondamentales de la politique, au milieu de ces luttes de systèmes et de gouvernements qui se disputent la société; il nous est bien permis de nous demander: Que va devenir l'éducation?

Pourquoi, Messieurs, craindrions-nous d'aborder franchement cette question dont la solution nous intéresse les uns et les autres à un si haut degré? Bien loin que nos intentions soient le moins du monde hostiles ou dangereuses, notre conscience nous rend au contraire le témoignage qu'elles sont bienveillantes, impartiales, évangéliques.

Hommes de charité et d'étude, nous parlons au milieu d'une mêlée ardente que nous n'avons point faite et dont nous voudrions appaiser l'irritation au prix de notre sang.

Ministres d'une Religion qui plane bien au-dessus des querelles passagères, nous n'avons ni adoration, ni anathème pour l'un ou l'autre des drapeaux autour desquels se groupent les partis.

Pour nous le nœud du problème n'est pas dans les formes sociales, il est surtout dans les consciences, et c'est à favoriser l'amélioration des consciences, que doivent tendre les efforts de tous les hommes sérieux. J'ose le dire, Messieurs, si ce point de vue était prédominant, nous serions beaucoup plus près de nous entendre. Si tous voulaient sincèrement l'amélioration des consciences, il pourrait bien y avoir encore divergeance entre les gens de bien, mais sur cette question capitale de l'éducation il n'y aurait pas, soyez en sûrs, antagonisme et hostilité.

Que va donc devenir l'éducation au milieu des transformations probables de la politique ?

Restera-t-elle à la merci de tous les pouvoirs qui peuvent surgir des révolutions ?

Ou bien lui donnera-t-on enfin cette liberté qu'on lui a si longtemps et si vainement promise ?

Question grave ! car l'éducation c'est l'avenir.

Oui, Messieurs, l'éducation c'est l'avenir. Il y en a qui pour résoudre plus facilement cette question s'efforcent d'en diminuer l'importance ; ce n'est ni courageux, ni loyal. Non, il ne s'agit pas seulement d'apprendre aux enfants plus ou moins de langues, de littérature ou de sciences : il s'agit en réalité de former des hommes.

Imprimer une direction aux esprits en leur donnant non pas seulement des connaissances, mais des idées, des croyances, des doctrines ; imprimer une direction aux consciences ou leur donnant non pas seulement de vagues prescriptions, mais des sentiments, des goûts des habitudes; s'emparer en un mot par l'intelligence et par le cœur des générations naissantes : Voilà, ni plus ni moins, ce que se propose l'éducation.

Elle est cela ou elle n'est pas sérieuse; je dis mieux, elle est cela ou elle n'est pas sincère.

Ceux qui ont préconisé la séparation impossible de l'enseignement et de l'éducation proprement dite, de la science et de la religion, du collége où se donnerait la leçon et de la famille où s'inspirerait la morale, ceux-là, je ne crains pas de le dire, ou ils mentent sciemment ou ils n'ont aucune expérience de ce dont ils parlent avec tant d'inconséquence et de légèreté. Une seule considération, Messieurs, vous convaincra qu'il s'agit réellement d'une chose plus grave, plus fondamentale que d'inculquer aux enfants des notions spéculatives de science.

D'où vient qu'on se dispute l'éducation avec tant de vivacité et de zèle? Si entre ceux qui en réclament le libre exercice et ceux qui en rêvent le monopole absolu, il ne s'agissait effectivement que de grammaire ou d'algèbre, de physique ou de géographie, croyez-vous qu'il y aurait de part et d'autre tant d'efforts, tant d'écrits, tant de récriminations, tant d'animosité enfin? Croyez-vous que cette question de l'éducation fût devenue une question irritante et capitale?

Quoi donc! moi prêtre qui puis prêcher, consoler et sauver les âmes, vous gouvernement qui devez administrer, appliquer les lois, rendre la justice, nous irions nous incriminer l'un l'autre et nous prendre de querelle pour le mince profit d'enseigner du latin ou du grec! Ce serait ridicule et absurde, et personne ne croira qu'il en soit ainsi.

Soyons sérieux, soyons sincères, Messieurs, et convenons que l'éducation se lie à tout ce qu'il y a de plus cher et de plus sacré, au bonheur de la famille, à la régénération des âmes, à l'avenir de la société.

Par qui et comment seront enseignées les sciences ? Qui fixera les méthodes ? Qui désignera les livres ? Qui imposera les maîtres ? Ce n'est pas là toute la question, il s'en faut. La question est celle-ci : à qui appartiendra en définive l'âme de vos enfants ? A la vérité ou à l'erreur ? A la liberté ou à la force ? A l'Etat ou à la famille ? Remarquez, Messieurs, que je dis à l'Etat ou à la famille, et non à l'Université ou à l'Eglise ; car dans ma pensée l'alternative n'est pas de l'université à l'Eglise, elle est du monopole à la liberté, elle est de l'Etat à la famille. On a dit plus d'une fois que les prêtres ne voulaient pas sincèrement la liberté au profit de tous, mais le monopole à leur profit particulier ; nous avons toujours protesté et nous protestons encore du fond de nos âmes contre cette inculpation calomnieuse. Nous ne demandons et ne désirons le monopole pour personne ; nous n'aspirons pour nous qu'à la même liberté que nous réclamons pour tous.

Nous parlons quelquefois, sans doute, du droit divin d'enseigner que nous confie le caractère sacerdotal, mais ce droit, il n'a de valeur que sur des consciences catholiques, il ne s'impose pas d'ailleurs, il ne violente personne, il ne constitue en aucune façon un privilége légal. Nous reconnaissons que légalement notre droit n'est que le droit de tous.

Que l'enseignement soit libre pour toutes les méthodes, pour toutes les forces individuelles ou collectives, pour toutes les idées, pour toutes les croyances et que les familles choisissent selon leurs sympathies et leurs convictions : voilà ce que nous réclamons.

Et qu'on ne dise pas que c'est réclamer l'anarchie. Non, Messieurs, car l'anarchie existe de fait et ce n'est pas nous qui l'avons créée. C'est précisément pour en sortir au contraire que nous demandons la liberté. Y a-t-il aujourd'hui une doctrine, une idée, une école qui puisse se vanter d'avoir l'assentiment universel? La société des âmes n'est-elle pas morcelée entre des milliers de systèmes là où elle n'est pas complètement dissoute par le scepticisme? Ici des phalanstériens ou des communistes, là des panthéistes ou des doctrinaires, plus loin des absolutistes ou des démocrates, partout des matérialistes et des indifférents. On aurait plutôt compté les étoiles du firmament qu'analysé les milles théories qui traversent et fractionnent les intelligences. C'est un fait déplorable que nous sommes loin d'ériger en système, que nous subissons avec regret et dont nous voulons sortir par le seul moyen possible.

Or, ce moyen, quel est-il? L'action de l'Etat? Mais, dans nos idées et dans la logique rigoureuse des choses, l'Etat n'a pas et ne peut pas avoir de doctrine; il n'a que la force. Direz-vous que c'est par la force qu'il faut ramener l'unité? En ce cas, déchirez vos constitutions; anéantissez vos livres, vos journaux, vos écoles; ne parlez ni de liberté; ni de progrès, ni de lumières; abjurez le présent que vous avez fait, et retournez au passé que vous avez ruiné et maudit! Si la force vous paraît réellement le seul moyen possible de ramener l'unité, il faut dire que tout ce qui s'enseigne et s'imprime depuis cinquante ans n'est que duperie et mensonge, et que l'œuvre politique du dix-neuvième siècle n'est qu'une immense hypocrisie.

Non, ce n'est pas l'Etat qui reconstituera l'unité des esprits; il ne le doit pas, parce que sa loi fondamentale est la liberté, parce qu'il n'a aucune doctrine, et que s'il en choisissait une aujourd'hui, il en aurait déjà une autre demain; il ne le peut pas parce que les âmes échappent à son action toute coërcitive, et qu'on ne tue pas un système, et surtout une religion, comme on défait une émeute.

Une seule chose peut délivrer les âmes de l'anarchie morale qui les mine, c'est la liberté.

Qu'on ne se contente donc plus de la proclamer en théorie, qu'on la réalise une bonne fois loyalement et sans subterfuge, qu'on la réalise surtout dans l'enseignement par qui les âmes se renouvellent. Que la discussion, que l'échange des idées, que la lutte des systèmes ne rencontrent d'autres entraves que celles qui sont rigoureusement nécessaires pour protéger la morale publique et le règne impartial des lois; que toutes les convictions sincères aient le droit absolu de se mettre à l'œuvre; qu'elles se produisent librement, qu'elles agissent, qu'elles enseignent et qu'on les puisse juger à leurs fruits; vous verrez alors les esprits revenir peu à peu par la persuasion à un centre commun de croyances, vous verrez en définitive le triomphe de la vérité. Nous y avons foi, quant à nous, et nous croirions faire injure à nos doctrines si nous appelions la force à leur secours.

Ces idées, Messieurs, ne sont certes ni nouvelles, ni subversives, ni compliquées. Il y a dix-huit ans qu'elles ont cours dans une controverse animée; ce sont des hommes de paix et de conscience qui les soutiennent, et j'ose dire que tout esprit droit peut en comprendre sans peine la parfaite vérité. D'où vient cependant que cette importante question de la liberté d'enseignement a soulevé tant d'orages dans les régions officielles? D'où vient surtout que les familles qu'elle intéresse essentiellement en ont généralement si peu compris la gravité?

C'est qu'après tout, pense-t-on, il n'y a d'autre risque à courir que de voir les enfants livrés à la direction du pouvoir. Or, le pouvoir est-il donc si redoutable?

Je sais, Messieurs, que telle est en France l'impression presque générale : malgré les apparences contraires le pouvoir y a bien plus de sympathies secrètes que la liberté. On a l'air de le haïr, on ne fait que l'envier; on a l'air de l'attaquer, on ne fait que le poursuivre; ce n'est pas sa ruine qu'on veut, c'est sa jouissance. Les divers partis qui se le disputent ne le dénigrent que lorsqu'ils en sont exclus; aussitôt qu'ils le possèdent ils ne songent qu'à en amplifier les prérogatives.

Assurément il y a dans cette espèce de culte rendu au pouvoir l'exagération de deux sentiments précieux, le respect de l'autorité et l'amour de l'ordre. Mais gardons-nous d'un entraînement irréfléchi et d'une confiance aveugle. Quand des systèmes de toutes sortes peuvent arriver au gouvernement, quand des chefs d'école dont les utopies nous épouvantent peuvent demain être nos maîtres, est-ce le cas de livrer inconsidérément au pouvoir les âmes des jeunes générations?

Chose étrange, Messieurs! il y a des communistes qu'on redoute par dessus tout; il y a des hommes dont tout le crime est de demander pour l'Etat, aux propriétaires le monopole des biens, aux industriels le monopole des entreprises, aux ouvriers le monopole du travail, et on leur répond à ceux-là par un cri unanime de répulsion; on s'excite à leur résister; on fait appel à tous les intérêts, à tous les courages, à toutes les consciences pour former une vaste ligue à l'encontre de ces doctrines sauvages qui veulent anéantir la propriété et la famille au profit de ce Moloch monstrueux qu'elles appellent l'Etat! Le communisme voilà le grand ennemi, voilà la grande terreur! Et en même temps qu'on le signale et qu'on le combat dans la sphère des intérêts matériels, on le laisse s'organiser sourdement, on le tolère, on le favorise même dans l'ordre moral. Car, Messieurs, le monopole de l'éducation n'est-il pas un véritable communisme?

Oui, je ne crains pas de le dire, le monopole de l'éducation est dans la sphère des âmes le plus odieux et le plus redoutable communisme. Je demande la permission de développer et de faire goûter, s'il est possible, ma pensée.

Qu'est-ce, au fond, que le communisme? C'est l'Etat maître absolu des propriétés à la condition de les exploiter au profit de tous. Il en organise la gestion, il en distribue la jouissance, il en partage les produits comme il l'entend. Sans doute il y a des règles, c'est-à-dire des lois qui dirigent et limitent son action; mais ces lois c'est lui qui les fait ou les provoque, c'est lui surtout qui en détermine l'application. Les individus reçoivent et obéissent, l'Etat possède et commande : voilà la situation sommaire.

Qu'est-ce, maintenant, que le monopole de l'éducation? C'est l'Etat maître absolu des idées à la condition de les enseigner au profit de tous. Il en organise l'étude, il en distribue la propagation, il en partage les lumières selon son gré ou sa conviction ou son caprice. C'est lui qui institue et gouverne les maisons d'enseignement, c'est lui qui règle les méthodes, fixe les matières, désigne les livres, impose les maîtres, imprime la direction.

Il n'y a de science ayant cours que la sienne; celle qui ne vient pas de lui est sans valeur légale, c'est une science de contrebande qu'on arrête aux portes des honneurs et des emplois publics.

Il n'y a de morale que la sienne, car tous doivent la subir sous peine de rester ilotes, c'est-à-dire hors la fortune, hors la civilisation, hors la loi.

Laissez-le développer logiquement son principe, il n'y aura bientôt plus de religion que la sienne, c'est son désir secret, sa tendance nécessaire, c'est la conséquence rigoureuse et inévitable du monopole.

L'Etat propriétaire des biens, dispensateur souverain de la vie matérielle, maître des corps, voilà le communisme.

L'Etat propriétaire des idées, dispensateur souverain de la vie morale, maître des âmes, voilà le monopole d'éducation.

L'analogie ou plutôt la similitude n'est-elle pas frappante? Elle l'est tellement, Messieurs, que je défie qu'on puisse attaquer sérieusement les termes de cette étrange comparaison.

On dira peut-être que je pousse à l'extrême les conséquences du monopole, et que je ne tiens nul compte des mille issues par lesquelles on peut y échapper. Est-ce donc que sous l'empire de l'enseignement officiel il n'y aura pas toujours l'éducation de la famille et les établissements particuliers?

Je l'avoue, Messieurs, les mœurs sont ordinairement plus fortes que les lois, et le mal que peut faire une mauvaise institution rencontre toujours dans la conscience humaine une opposition incessante et énergique. Toutefois si les mœurs sont puissantes, la logique ne l'est pas moins. Posez une fois le principe, les conséquences en sortent peu à peu, et tôt ou tard le temps, les intérêts, et cette rectitude naturelle de l'esprit qui ne lui permet pas de s'arrêter même dans le mal, se chargent à eux seuls de les réaliser. Voulez-vous mieux comprendre ma pensée, examinez la marche du monopole, vous verrez qu'elle a toujours été envahissante, progressive. D'abord il n'embrassait que les établissements d'instruction secondaire; peu à peu nous l'avons vu s'emparer des écoles du peuple et du haut enseignement, et voici qu'il prend pied de nos jours jusque dans les pensionnats de femmes, jusque dans les salles d'asile et les modestes ouvroirs fondés par la charité.

Messieurs, le communisme lui aussi laisserait, en dépit de ses efforts, de nombreux échappatoirs à la propriété particulière. Il lui serait bien impossible de fouiller toutes les bourses, de vider tous les coffres, d'inspecter tous les magasins. Voudriez-vous sous ce prétexte en laisser proclamer légalement le principe? Bien loin de là; pour peu que vous en voyiez poindre l'invasion dans telle institution particulière, pour peu que vous le voyiez se glisser timidement et à l'ombre d'un prétexte dans tel projet de loi, dans tel préambule de constitution, votre foi politique s'allarme, votre zèle s'irrite, vous chassez du gouvernement la redoutable utopie, et vous la faites rentrer dans le domaine inviolable de la liberté. A cet égard vous ne souffrez ni transaction, ni faiblesse.

Etes-vous sages ou emportés?

Vous êtes sages, dès-là que le principe de communisme vous paraît funeste et odieux.

Mais alors, que ne faites-vous de même en ce qui concerne le monopole de l'enseignement? Est-ce donc qu'en s'emparant de vos propriétés l'Etat ferait une chose plus désastreuse qu'en s'emparant de vos familles ? Est-ce donc que vous attachez un plus haut prix à vos maisons, à vos capitaux, à vos terres, qu'aux âmes même de vos enfants, à leurs croyances, à leurs sentiments, à leur bonheur, à leur destinée de ce monde et de l'autre ?

Certes, j'en appelle hardiment à la conscience de tous les pères, au cœur de toutes les mères. La réponse sera unanime et spontanée : périsse la fortune et ses jouissances plutôt que l'intégrité morale de nos enfants ! Nous tenons mille fois plus à les élever qu'à les enrichir ; le premier de tous les héritages que nous voulons leur transmettre c'est celui de l'éducation. Une foi éclairée, une conscience droite, un heureux caractère, une intelligence cultivée et ornée d'instruction, voilà le meilleur et le plus précieux des patrimoines.

On dit cela, Messieurs, on le pense sans doute, et cependant on se montre en pratique beaucoup moins effrayé des envahissements du monopole que des menaces du communisme.

Que dis-je ? Toute la France a salué de ses acclamations l'homme qui s'est posé tout récemment comme l'adversaire déclaré du communisme, qui lui a jetté le gant avec hauteur, et qui, dans le sentiment exagéré de sa force, s'imagine peut-être que pour le terrasser il lui aura suffi de le vouloir. Eh bien ! ce même homme ne l'avons-nous pas entendu naguères défendre le monopole avec la même énergie de raisonnements et de sarcasmes ?

Il proclamait alors l'omnipotence de l'Etat, il faisait bon marché des droits et des doléances de la famille, il repoussait comme ambitieux ou brouillon le prêtre qui osait réclamer la liberté selon sa conscience. Il disait :

— Ce n'est pas aux parents seulement, c'est à l'Etat que les enfants appartiennent. L'Etat doit avoir la prépondérance de l'éducation, et on ne peut être bien élevé que par lui. Les familles sont étroites, exclusives, personnelles, les instituteurs particuliers sont incapables, contradictoires ou prévenus ; seul l'Etat a l'impartialité, les ressources, l'unité, la science. A lui donc de s'emparer puissamment des générations nouvelles, à lui de les marquer à son effigie, et d'en faire une patrie homogène, forte, normale ; d'autres peut-être formeraient des hommes, et nous aurions la diversité ; l'Etat seul peut former des citoyens et nous donner enfin l'unité.

Fauteurs du monopole, voilà ce que vous disiez tous à l'encontre de la liberté ! et maintenant que les partisans du communisme renouvellent la même argumentation à l'encontre de la propriété, vous poussez le cri d'alarme, vous avez l'air de vous frapper la poitrine, et l'humilité de votre repentir va jusqu'à invoquer contre l'ennemi redouté l'alliance de nos modestes curés de campagne, l'appui de nos pauvres frères des écoles.

N'est-ce pas une évidente et malheureuse contradiction ?

Quelle réponse ferez-vous à ce dilemme que chacun se pose :

Si les raisons données par M. Thiers sont valables pour justifier le monopole de l'enseignement, pourquoi ne le seraient-elles pas également pour justifier le communisme ?

Si les mêmes raisons données par M. Proudhon ne prouvent rien en faveur du communisme, pourquoi prouveraient-elles davantage en faveur du monopole ?

Car véritablement les raisons fondamentales sont les

mêmes, entre les deux systèmes il y a parité, que dis-je ? il y a corrélation et solidarité essentielles.

Sur quoi s'appuye en effet le communisme ? sur l'exagération des deux idées qui sont très chères aux partisans du monopole : l'omnipotence de l'Etat et l'égalité absolue, c'est-à-dire au fond l'unité.

L'omnipotence de l'Etat, première base rationnelle du communisme, est malheureusement dans les tendances habituelles de l'esprit français. Non seulement le Français aime qu'on le gouverne, mais moyennant que ses droits soient écrits ou proclamés, il lui en coûte peu d'en faire l'abandon ou le sacrifice. Liberté dans les mots, despotisme dans les faits, c'est volontiers pour lui l'idéal de l'ordre. Il s'absorbe dans le pouvoir avec une étrange abnégation. Ses idées, ses intérêts, ses entreprises, son culte, sa profession, sa vie entière, il permet, il désire même que l'Etat règlemente et domine tout. Il veut que l'Etat le place, qu'il l'enseigne, qu'il le nourrisse, qu'il le dirige, qu'il le commande jusque dans les moindres détails de ses actions. C'est une sorte de panthéisme social où s'abiment les individualités. Louis XIV disait : L'Etat, c'est moi; nous dirions volontier, en France : l'Etat, c'est tout ! Nous ne voulons ou nous ne savons rien faire sans l'Etat. Pour bâtir une église de village comme pour décréter une constitution, pour ouvrir une école primaire comme pour fonder une académie, pour sortir de son département comme pour faire une déclaration de guerre, il faut toujours l'intervention de l'Etat. Dans cet ordre d'impressions et d'idées, un peuple ne s'émancipe jamais complètement, il végète dans une minorité éternelle; l'Etat, c'est le père, c'est le tuteur qui dirige toutes les actions et régit tous les intérêts.

Eh bien ! le monopole et le communisme ne sont l'un et l'autre que la pleine et complète réalisation de ce système ; ce que le premier applique à l'éducation, le second l'applique à la propriété.

Le monopole affirme qu'il serait absurde, désastreux, impossible que l'Etat laissât en dehors de son action une chose aussi importante que l'enseignement.

Le communisme prétend que la cause de toutes nos misères c'est que l'Etat laisse en dehors de son organisation une chose aussi fondamentale que la propriété.

D'un côté on dit : pas de liberté, car elle n'engendre que l'anarchie ; c'est l'Etat seul qui doit distribuer les idées et la science.

De l'autre : pas de concurrence, car elle n'engendre que la misère ; c'est l'Etat seul qui doit répartir les produits et le travail.

Je demande à tout esprit logique et impartial si ce n'est pas exactement le même principe, c'est-à-dire l'anihilation graduelle de l'individu et l'amplification progressive et indéfinie de l'Etat. Les communistes ne font évidemment que généraliser les prétentions du monopole, et je comprends la vérité de ce mot de Proudhon : depuis longtemps la bourgeoisie honnête de M. Thiers travaillait avec une activité infatigable à l'avènement du socialisme.

Quant à l'égalité absolue, seconde base rationnelle du communisme, tout le monde sait l'importance qu'il y attache.

Ni palais ni chaumières, ni grands ni petits, ni riches ni pauvres, mais le bien-être pour tous ; plus de distinctions, plus de castes, rien que des hommes qui se ressemblent et se valent, rien que des frères sur cette terre qui est le domaine de tous !

Remarquez, Messieurs, que je ne discute pas, j'expose. Que la vérité se mêle habilement à ces aphorismes, je n'ai l'intention ni de le contester, ni de l'établir. Mon but est de montrer que l'égalité absolue, principe du communisme, l'est aussi du monopole.

Et en effet, l'égalité au fond, c'est la même chose que l'unité. L'égalité est à l'ordre matériel ce que l'unité est à l'ordre moral; l'une et l'autre excluent la distinction ou la différence. D'une part mêmes biens, de l'autre mêmes idées. L'égalité est comme l'unité des corps, de même que l'unité est en quelque sorte l'égalité des esprits.

Egalité, unité! grand principe, Messieurs, grande loi du monde! mais ne l'isolez pas, car ce n'est que la moitié de la formule divine de la création. L'œuvre de Dieu s'appelle l'univers, et ce grand nom implique deux idées : Unité et variété, *unitas, varietas.* Voilà la loi complète : Variété dans l'unité, liberté dans l'autorité, égalité dans la hiérarchie, individualité dans l'harmonie; le monde tient à cet équilibre sublime.

Si vous sacrifiez ou si vous exagérez l'un ou l'autre de ces deux principes, l'ordre est troublé; vous n'êtes plus ni dans le possible ni dans le vrai.

Eh bien! de même que le communisme exagère l'égalité, de même le monopole exagère l'unité. Le premier compromet la hiérarchie, le second ruine la liberté. Le premier dit : Plus de différence dans les fortunes, que l'Etat seul possède et répartisse les richesses! et en détruisant le mobile de l'intérêt propre, il frappe d'atonie et d'impuissance l'activité humaine. Le second dit : plus de différence dans les idées, que l'Etat seul détermine et répande l'instruction! et en comprimant les élans de l'esprit propre, il ôte à la science, aux arts, aux progrès, l'originalité qui en fait le charme, la spontanéité qui en fait la puissance.

Mais, dira-t-on, n'êtes-vous pas vous catholiques, les partisans les plus rigoureux et les plus exclusifs de l'unité ? Ne dites-vous pas, vous aussi : plus de différences ! une seule âme, un seul cœur, une seule foi ?

Oui, Messieurs, l'unité est le caractère essentiel du Catholicisme. C'est son besoin et son triomphe. Mais entre nous et les communistes, entre nous et les partisans du monopole, il y a tout un abîme.

Dabord nous ne gênons la liberté de personne. Nous voulons l'unité par l'Eglise, c'est-à-dire par une puissance toute morale, c'est-à-dire au fond par la persuasion. Pour intimer notre symbole, nous n'avons ni tribunaux, ni prisons, ni gendarmes; c'est aux âmes que nous nous adressons, et nous n'avons contre elles qu'une parole désarmée.

Le communisme et le monopole, au contraire, rêvent l'unité par l'Etat, c'est-à-dire par la force. Car l'Etat ne prêche pas, il ordonne; il ne persuade pas, il contraint; il ne formule pas des définitions, il décrète des lois. Quand il dit : faites ceci ou croyez cela, il ne peut pas permettre que d'autres en face de lui disent le contraire, parce qu'alors il sortirait de sa nature, il ne serait plus Etat ou Pouvoir, il serait Eglise ou Ecole. Voilà une première et fondamentale différence.

La seconde est celle-ci : les éléments qui constituent l'unité Catholique sont parfaitement définis, ce sont des dogmes déterminés, comptés, pour ainsi dire, et limités, au-delà desquels rien ne gêne notre indépendance personnelle. Nous avons, en un mot, le domaine de la croyance et celui de la raison, la part nécessaire de l'unité, et la part variable de la liberté, *in necessariis unitas in dubiis libertas*, comme parlent les docteurs.

En est-il de même du communisme et du monopole? Non, Messieurs, et la raison fondamentale est celle-ci : Ni l'un ni l'autre ne peuvent dire, avec la puissance de se faire croire, ce qui est la vérité. Non seulement ils manquent de critérium, mais ils n'osent pas même prétendre à une autorité dogmatique quelconque. Ce qui est certain ou ce qui est douteux, ce qui est nécessaire ou ce qui est libre, ils ne le savent pas et n'ont aucun droit de le définir. Tout flotte donc dans le vague et demeure à la merci de la ruse et de la force.

Aussi voyez comme le pouvoir s'étend et s'amplifie sans mesure, sous prétexte de réaliser l'unité. Il s'empare peu à peu de toutes choses; il enlace dans les liens d'une administration compliquée et savante les intérêts, les idées, les croyances, les mœurs, l'industrie, l'enseignement, la famille, toutes les immunités locales, toutes les franchises individuelles. — Où s'arrêtera cette manie absorbante de centralisation?

Nul ne saurait le dire, et tous les esprits graves s'en effrayent.

A qui la faute, cependant?

N'est-ce pas à ceux-là surtout qui se sont posés en adversaires implacables de la liberté d'enseignement?

Si quelque chose devait être à l'abri des empiétements du pouvoir, n'est-ce pas la pensée, le savoir, la conscience? C'est cela pourtant qu'ils ont asservi dans les nœuds inextricables d'une législation mesquine, ombrageuse, tracassière, qui ne laisse rien à l'inspiration, ni à la liberté, ni au zèle, qui s'étend aux maîtres, aux livres, aux méthodes, aux costumes, aux heures, plus apte à faire des machines qu'à former des hommes, plus dignes des mandarins chinois que des instituteurs de notre libre France.

Quand vous avez laissé l'Etat s'emparer ainsi de la pensée et des consciences comme d'une exploitation, de quel droit vous étonnez-vous que d'autres lui veuillent livrer l'exploitation de l'industrie et des richesses? Les communistes, après tout, ne font que tirer de vos principes une conséquence qui est moins exhorbitante au fond que celle que vous en tirez vous-mêmes. Vous voulez le plus, ils demandent le moins : vous vous emparez des âmes, ils ne reclament que les fortunes.

Aussi, dans cette guerre désastreuse que vous avez faite à la liberté d'enseignement, vous les avez eu toujours pour compagnons fidèles. Leurs journaux ont soutenu les vôtres; comme vous, ils ont préconisé les bienfaits du monopole, comme vous ils nous ont poursuivis de leurs sarcasmes et de leurs clameurs. Et ce n'est pas un des jeux les moins étonnants de la Providence divine que de vous avoir forcés à invoquer notre alliance contre ceux-là même avec qui vous vous entendiez naguères pour nous combattre.

Vous le voyez, Messieurs, entre le communisme et le monopole, les analogies doctrinales ne manquent pas.

Qu'on me permette d'en signaler une encore. Elle tient plus à la tactique, il est vrai, qu'à la théorie; mais elle n'en a pas moins son importance et son enseignement.

La plupart se plaignent que pour propager leur système, les communistes s'adressent moins à la raison qu'à des passions aveugles et emportées. Ils fomentent des avidités insatiables, de sombres jalousies, de sourdes haines. Ils désignent au mépris, à la suspicion, à la vengeance même, les possesseurs actuels de la richesse. Ce sont, à les entendre, des hommes durs, fastueux, cupides, sans équité, sans entrailles, s'engraissant de la sueur des pauvres, regorgeant de bien-être, de plaisirs, de luxe, pendant que la multitude des travailleurs s'agite misérablement dans les angoisses de la souffrance et du besoin.

Voilà ce qui se dit en paroles brûlantes à de pauvres âmes ombrageuses, aigries, ulcérées, que le désespoir enivre, et que le frein de la conscience ne retient plus.

Je ne veux contester ni les misères de la pauvreté, ni les torts de la richesse; mais est-ce bien de semer la discorde là où il faudrait plus que jamais prêcher la fraternité? Est-ce bien de scinder la patrie en deux camps rivaux, toujours prêts à s'entredétruire? Est-ce bien de livrer aux haines toute une classe de la société?

Certes, l'histoire jugera sévèrement les chefs de parti ou de doctrine qui auront si cruellement abusé de leur influence.

En ce cas, Messieurs, je demande comment l'histoire jugera les principaux fauteurs du monopole. Ne se sont-ils pas adressé, eux aussi, aux plus mauvaises passions? A la jalousie, à l'impiété railleuse, à la haine des choses catholiques?

Pour réaliser leurs projets ils avaient à vaincre des oppositions puissantes : la famille, la liberté, la science, la Religion. Attaquer les trois premiers c'était dangereux, les vaincre c'était impossible; quant à la Religion il fallait bien se garder de la mettre directement en cause, protégée qu'elle est encore, grâce à Dieu, par le respect des peuples.

Qu'ont donc fait les fauteurs du monopole? De tous ces obstacles ils ont feint de n'en voir qu'un seul; ils l'ont personnifié en un type ambitieux, inquisitorial, sinistre, ennemi des lumières, ennemi de la paix ; ils l'ont appelé *influence cléricale*, et à l'ombre de cette vague appellation ; il n'y a rien de sacré qu'ils n'aient bafoué ou compromis. Le dogme, le culte, la morale, l'Eglise, le Christianisme entier avec ses institutions, sa hiérarchie, son histoire, tout a été passé par eux au fil des plus perfides insinuations, des plus odieuses calomnies.

On a usé à cette guerre déloyale beaucoup d'esprit, beaucoup d'étude, beaucoup de livres. Raisonnements et sarcasmes, drames et anecdotes, romans et histoires, brochures et journaux ; on n'a rien omis, rien épargné. Si le prêtre est resté debout dans l'estime publique, ce n'est pas la faute de tant de crieurs acharnés qui l'ont servi en pâture chaque jour aux risées des indifférents, à la haine des matérialistes.

Eh bien, Messieurs ! je suis bien forcé de le dire : la Providence qui a visiblement protégé le prêtre se montre sévère envers ses détracteurs. Quelques jours ont suffi pour changer les situations et bouleverser la face des choses. Ces colères aveugles de la multitude qu'on a voulu soulever contre l'influence cléricale, voilà qu'elles grondent sourdement contre la prépondérance des fortunes.

Ce n'est plus l'Eglise que vient battre l'impétuosité des flots populaires, c'est la propriété ; l'homme de l'Eglise continue son œuvre en paix au sein même de la tempête ; l'homme de la propriété n'a plus ni sécurité ni repos ; il se courbe sous les fléaux du Ciel, il tremble sous les menaces de la terre. C'est lui qu'on hait, c'est lui qu'on bafoue, c'est lui qu'on affuble de noms injurieux ou ridicules, c'est lui qu'on personnifie en un type trivial, cupide, étroit, égoïste, dur, odieux.

Certes! la situation est trop grave pour que nous songions le moins du monde à en triompher. Non, Messieurs, le prêtre ne triomphe jamais du péril de ses frères; il s'associe au contraire à toutes les calamités, à toutes les craintes. Son appui va naturellement à ce qui chancelle, sa sympathie aux vaincus, sa préférence aux victimes, sa prière, ses larmes et ses consolations à ceux qui souffrent. Mais qu'on en convienne, ils ont été bien inconséquents et bien téméraires ceux qui ont livré le clergé à des haines aveugles dans l'intérêt d'un monopole absurde et désastreux.

Ce qu'ils avaient fait contre les prêtres, le communisme le fait à cette heure contre les riches, et ils ont en quelque sorte perdu le droit de s'en plaindre.

A Dieu ne plaise, Messieurs, que ce soit pour le triste plaisir de récriminer que nous parlions de la sorte! Personne plus que nous ne désire l'oubli, la concorde, l'union des pensées et des forces. Puisse la situation nouvelle et grave de la patrie rapprocher toutes les âmes honnêtes, tous les cœurs généreux! Après les leçons solennelles de la Providence et au milieu des dangers qui nous menacent, il serait étrange et déplorable qu'il y eût encore dissidence sur cette question si importante de la liberté d'enseignement.

N'est-ce donc rien que cette expérience du monopole que nous subissons depuis quarante ans? Oui, Messieurs, il y a quarante ans que le monopole a la responsabilité sommaire de l'éducation en France. Eh bien, qu'on ose le dire, les résultats sont-ils pleinement satisfaisants? N'est-il sorti de nos écoles officielles que des générations dévouées, honnêtes, religieuses, et ne vaut-il pas la peine d'essayer de la liberté?

J'ose affirmer que posée en ces termes la question

serait vite résolue. Mais on ne veut pas la simplifier la question, on l'embrouille systématiquement. Au lieu de faire taire ses idées reçues, ses antipathies, ses doutes, ses préjugés de parti ou d'école, on s'y appuie avec une opiniâtreté désolante; au lieu de se placer résolument sur le terrain de la bonne foi et du bon sens loyal on s'embusque dans les chicanes, les personnalités, les arguties. On a l'air de redouter les périls de la liberté, on s'en va faisant peur à de bonnes âmes, de l'athéisme, du communisme, de l'anarchie, et au fond ce n'est pas la liberté qu'on redoute, c'est l'usage que la Religion pourrait en faire.

La presse aussi est un enseignement, le plus étendu de tous, le plus énergique, le plus dangereux. Et cependant nous voyons qu'on est à l'endroit de la presse beaucoup plus libéral, beaucoup plus logique. On la veut sans mesure préventive, on la veut telle que la proclame la constitution. Aux moindres entraves que l'Etat veut y mettre, aux plus petites velléités de censure ou de repression arbitraire, les protestations s'élèvent unanimes, ardentes et en général victorieuses. D'où vient qu'on n'est pas disposé de la même sorte à l'égard de l'enseignement dont les abus sont bien moins à craindre sous l'influence de ce double et puissant contrôle, l'opinion et la famille? C'est une contradiction évidente, et je suis sûr qu'il y a parmi nos adversaires bien des esprits droits qui en souffrent.

Redisons le donc : ce n'est pas précisément la liberté qu'on repousse, c'est l'enseignement du clergé dont on a peur.

Eh bien, Messieurs, il faudrait être franc une bonne fois et opter entre l'une ou l'autre de ces deux alternatives.

Ou l'on ne veut pas de la Religion, ou on la croit indispensable.

Si on n'en veut pas, qu'on le dise à visage découvert, qu'on cesse de biaiser et de procéder par la ruse. Les familles sauront alors positivement à quoi s'en tenir. Elles comprendront que liberté et monopole cela veut dire religion et impiété; leur choix sera plutôt fait et elles se décideront avec connaissance de cause.

Si on croit la Religion indispensable, pourquoi tous ces ombrages à l'endroit de ses ministres? Est-ce qu'on rêverait par hasard une religion sans prêtres? Ou s'imagine-t-on que le Christianisme peut se reviser comme un système dont on rogne à son gré les parties? Le Christianisme est tel que Jésus-Christ l'a fait, tel que l'Eglise le pratique, ou il n'est pas du tout. Si vous en appréciez la morale vous ne pouvez pas en repousser la hiérarchie, si vous aimez la doctrine vous ne devez pas haïr ceux qui la prêchent.

Est-ce de bonne foi que votre esprit s'embarasse en des craintes chimériques? Eh bien examinez de plus près, étudiez plus sérieusement le prêtre et vous verrez qu'il n'a pas ces idées rétrogrades, ambitieuses, intolérantes qu'on lui prête si gratuitement. Sans doute en ce qui tient à la foi il reste immuable, son symbole est le même partout et toujours : c'est là sa force ; mais pour tout le reste il participe à la vie commune et son esprit s'alimente au courant général des idées. Il est de son pays et de son siècle, il en aime la science, le progrès, la liberté, la gloire. Il ne rêve ni de ressusciter le passé ni de brusquer l'avenir ; il se contente d'user du présent dans la mesure et selon les conditions indiquées par la Providence. Il s'accommode à toutes les formes politiques, il tolère les partis, il ne se désespère pas des révolutions. Il est le compatriote, l'ami, le parent, le frère de ceux-là même qui l'accusent de se tenir isolé et de n'être qu'une pieuse anomalie dans l'ensemble du monde moral. Il naît au milieu d'eux, il s'y élève, il y travaille, il y vit et il y meurt ; ce n'est pas sa faute s'il y est si souvent méconnu : car plusieurs le combattent par impiété, beaucoup le dédaignent par prévention ou par indifférence.

Je le répète avec une pleine conviction, ces vagues appréhensions de ce qu'on appelle l'influence cléricale ou ne reposent sur rien, ou reposent sur la haine même de la Religion.

Voulons-nous sincèrement l'intervention de la Religion dans l'enseignement ? Nous ne l'aurons jamais, qu'on en soit sûr, sans les prêtres et malgré les prêtres ; nous ne l'aurons qu'avec eux et par eux, nous l'aurons en conséquence par la liberté.

Mais par delà les prêtres il y a les congrégations et voilà l'épouvantail ! Les mots en France ont une puissance magique, ils gagnent les batailles et font les révolutions. Celui de congrégation est devenu sinistre ; pourquoi ? Bien des gens se le demandent et n'en peuvent comprendre la terreur.

Un individu crée une entreprise et l'exploite selon ses moyens ; une compagnie en fonde une autre de même nature et y apporte les ressources de l'association. Personne ne regarde cela comme extraordinaire et n'y peut trouver à redire ; telle est la liberté, telle est la loi.

Ce qui est naturel et parfaitement légitime en matière d'industrie est-il donc si redoutable et si odieux en matière d'enseignement ?

Si nous disions que l'Université est une congrégation

serait-ce lui faire son procès et la perdre dans l'opinion publique?

Mais dira-t-on n'y a-t-il pas des congrégations dont les idées sont étroites, l'esprit intolérant, les lumières bornées, la vie entière en perpétuelle contradiction avec nos lois et nos mœurs?

Je suppose qu'il en soit ainsi, qu'avez-vous à craindre? Les ombres vous font-elles peur, et redoutez-vous la concurrence du néant? N'avez-vous pas pour vous le droit et la force, l'autorité et la science, la nation et les tribunaux? Que peuvent faire à votre civilisation triomphante quelques pauvres religieux que le temps modifiera s'ils doivent servir encore les desseins de la Providence, qu'il emportera s'ils ne répondent plus au besoins des esprits. Car les congrégations ne sont pas immortelles même dans la stricte rigueur de la croyance catholique. Il en naît et il en meurt selon la nécessité des temps et le souffle de Dieu.

Planons au-dessus des minuties et des fantômes, et embrassons d'un regard plus étendu et plus ferme cette grave question que tant de passions et d'intérêts cherchent à obscurcir. La liberté a ses embarras sans doute, mais elle a ses bienfaits qui sont immenses, et le premier de tous dans la situation présente c'est qu'elle ouvre à la Religion les portes de l'enseignement.

La Religion, Messieurs! qui ne la désire aujourd'hui, qui ne l'appelle comme la grande solution des problèmes qui tourmentent les esprits, comme le remède souverain des maux qui affligent la société? De quoi souffrons-nous en effet, de quoi mourons-nous si j'ose le dire?

Nous souffrons et nous mourons de deux choses qui semblent se contredire, de fièvre et de marasme. Le délire des systèmes nous dévore et le froid de l'égoïsme nous glace; c'est la tête qui se perd pendant que le cœur se dessèche, c'est l'anarchie qui trouble les pensées pendant que le matérialisme envahit les mœurs.

La foi et le dévouement, voilà ce qui nous manque, et voilà ce que la Religion seule peut nous donner.

Elle nous le donnera, Messieurs, et de consolants pronostics nous laissent espérer que son œuvre de régénération a déjà commencé dans les profondeurs mystérieuses du monde moral.

Combien se figuraient que le mouvement révolutionnaire qui agite l'Europe allait continuer contre l'Eglise de vieilles traditions de haine impie. Il n'en a rien été cependant. Dans l'effervescence des évènements et des idées, l'Eglise est restée à l'abri de toute menace. La démocratie l'a respectée; elle a plus fait, elle a tourné vers elle ses regards comme pour lui demander une sorte de consécration. Et le Chef suprême de l Eglise lui a souri du haut de la ville éternelle, et bien des faits pieusement étranges nous ont parus les signes précurseurs d'une alliance qui sauvera le monde, et nous nous sommes rappelé ces graves paroles tombées d'une chaire catholique en présence même du vicaire de Jésus-Christ : « Quand l'heure providentielle sera venue, « l'Eglise se tournera vers la démocratie, elle baptisera « cette héroïne sauvage; elle la fera chrétienne comme « elle a déjà fait de la barbarie; elle imprimera sur « son front le sceau de la consécration divine, elle lui « dira : Règne ! et elle régnera (1). »

Les derniers bruits et les dernières colères de l'é-

(1) Oraison funèbre d'Oconnell, par le P. Ventura.

meute s'appaisaient à peine, que déjà un prêtre mêlait ses bénédictions aux portes même de la capitale à la plantation d'un arbre de la liberté. Ses paroles évangéliques avaient excité l'enthousiasme ; la foule était émue et pénétrée d'un religieux respect. Tout-à-coup un ouvrier s'en détache, grimpe sur l'arbre à une certaine hauteur, tire de son sein un petit crucifix en bois noir, et se tournant vers la multitude : Au nom de tous, s'écria-t-il ! Puis, au milieu d'applaudissements unanimes, il baisa l'image du Christ et l'attacha au symbole de la liberté.

Quand de pareils instincts s'échappent encore de l'âme d'un peuple la foi n'y est pas morte, et la Religion est bien près de reprendre son influence salutaire.

Or, je le demande, Messieurs, la liberté d'enseignement qui doit faciliter cette action régénératrice de la Religion, ne vaut-elle pas qu'on la paie de quelques sacrifies ? Ne mérite-t-elle pas que tous les hommes de bien s'imposent, pour la faire triompher, les efforts les plus généreux, les démarches les plus actives !

Et vous, mes jeunes amis, ne ferez-vous rien pour aider de votre concours ce triomphe si nécessaire et si désiré ? Vous pouvez beaucoup, sachez-le bien, et vous n'avez à vous mettre en peine que d'une seule chose : Vous montrer dignes de l'éducation catholique que vous avez reçue. Que tout le monde vous voie fermes dans vos devoirs, généreux dans vos pensées, serviables dans vos rapports, laborieux dans vos carrières, fidèles à Dieu, affectueux pour vos familles, bienfaisants pour les pauvres, aimables pour tous, et alors on dira : Si c'est ainsi que les hommes religieux comprennent l'éducation, pourquoi leur refuser si intempestivement la liberté qu'ils sollicitent ? Sous le régime de la démocratie la liberté est le droit de tous ; mais quand ce sont principalement les gens de bien qui la réclament, accéder à leurs désirs, ce n'est pas seulement faire une concession inévitable, c'est travailler de la meilleure manière possible au bonheur de la société.